Für alle, die ich verletzt habe.
Und die, die folgen werden.

160 Zeichen

Dirk Harry Müller

Bibliografische Information der Deutschen Nationalbibliothek: Die Deutsche Nationalbibliothek verzeichnet diese Publikation in der Deutschen Nationalbibliografie; detaillierte bibliografische Daten sind im Internet über http://dnb.dnb.de abrufbar.

© 2016 Dirk Harry Müller

Herstellung und Verlag:

BoD – Books on Demand, Norderstedt

ISBN: 9-783-7431-4257-2

Vorwort

Als Mobiltelefone nur zwei wesentliche Funktionen hatten, nämlich die des Telefonierens und die des Schreibens von Kurznachrichten, habe ich angefangen meine Gedanken zu notieren.
Ich nutzte dafür den Speicher für Kurzmitteilungen und da es damals nur möglich war, eine solche Nachricht mit maximal 160 Zeichen zu verfassen, war ich gezwungen mich kurz zu fassen. Die Technik veränderte sich im Laufe der Zeit, aber ich blieb der Begrenzung auf 160 Zeichen größtenteils treu.
So entstand schon in diesen Tagen und Nächten die Idee eines Gedichtbandes. Obwohl – es ist vielleicht etwas hoch gegriffen, sie als Gedichte zu bezeichnen. Aber es sind Gedanken und Gefühle. Meine.
Einiges würde ich heute nicht mehr so schreiben, aber nur in exakt diesen Worten ist es ein dunkler Spiegel von 15 Jahren Entscheidungen, Gefühlen und Entwicklungen.
Den kann und will ich nicht verzerren. Und der Blickwinkel wird immer ein anderer sein.

2001

30 cm.
30 cm bis zur Grenze.
Bis zum Bass.
Wieder das alte Spiel
Aber dieses Mal bist Du steif.
Eine Flucht!
In andere Welten.
Feigheit.
Menschlichkeit.

Menschen.

Strobo.

Bass.

Das Einzige was Dir Halt gibt,
ist die Wand hinter Dir.

Meine Welt gerät aus den Fugen.
Ich spüre eine Erschütterung des Ganzen.
Das was war, geht verloren.
Alles wird anders.
Wir brechen auf, etwas naht...

Unter Menschen und doch allein.
Das ist der Zustand der Zivilisation.
Das ist die Definition von Zivilisation.

2002

Lachen in der Luft.
Ein Lächeln auf den Gesichtern der Menschen.
Lachen überall - nicht bei Dir!
Du bist allein.

Deine Nähe ist alles.
Deine Wärme ist alles.
Mein Spiegelbild in Deinen Augen ist alles.
Ich habe nichts.

Deine Hände auf meinem Körper.
Deine Küsse auf meinen Lippen.
Sanft das Streichen Deiner
Haare auf meiner Haut.
Ein Traum, geboren um daraus zu erwachen.

Krämpfe, Schmerzen, Wut,
Trauer, Hass, Verzweiflung.
All das mischt sich durch einen Satz.
Ich liebe Dich nicht!

Blau das Licht Deiner Augen.
Rot der Glanz Deiner Haare.
Weiß der Schimmer Deiner Haut.
Ohne Glanz, ohne Schimmer,
scheint alles dunkel.
Ohne Farbe.

Wenn ich in meinem Bett liege,
die Sterne vor meinem Fenster,
die Straße vor meiner Tür,
der Wind an meiner Häuserwand,
dann bin ich allein.
So allein wie nie zuvor.

Ruhe

Ruhe ist das, was in Dir ist.
Unruhe das, was außen ist.
Traurig ist es erst,
wenn das was außen ist,
Dein Inneres beeinflusst.

Du schönes Mecklenburg.

Sanft sind Deine Hügel.

Rauschend Deine Bäche.

Groß Deine Wälder.

Einsam Deine Weiten.

Still bist Du, Mecklenburg.

Wie würd ich Dich vermissen.

Blaues Licht in dunkler Nacht,
bricht sich hier mit aller Macht.
Die Kreuze hängen in den Bäumen,
Menschen stehen an den Säumen.

Gorleben 02

2003

Von Liebe spreche ich,
wenn mein Kleiderschrank immer leerer wird
und das Bettzeug nicht gewechselt wird,
nur weil ihr Geruch daran haftet.

Was man ist und was man nicht ist,
entscheidet sich genauso wie das,
was man bekommt und was nicht.
Der Lauf der Dinge.

Wo steht man,
wenn man sein schönstes Kompliment
von dem Menschen bekommt, den man liebt,
der einen aber nicht lieben kann.
Wo steht man dann?

Man ist, was man sieht.
Auch das was man nicht sehen will.
Salzig ist der Geschmack der Sehnsucht
- und der Liebe.

Wenn eine Liebe so glühend wie dieser
Abendhimmel wäre,
dann möcht' ich ewig lieben.
Auf dass es niemals aufhöre...

Ich werde ewig sterben und ewig leben.
Jeden Tag von neuem.

Eine Welle aus Bass bricht
an Mensch und Stein,
doch Du sitzt dort ganz allein.
Keine Sprache, kein Gesang,
nur der dumpfe hohle Klang.
Und die Welle bricht wieder...

Diese Welle kommt.
Tosend.
Freudig erwartet.
Sie bricht - vor Dir!
Reißt Dich mit!
Du verlierst den Boden.
Schlägst auf.
Sie bricht Dich!

Strom

In einem Glas.
In Deinem Glas.
In Deinem Mund.
In Deinem Hals.
In Deinem Magen.
In Deinem Blut.
In Deinem Herzen.
In Deinem Hirn.
Betäubend.
Dröhnend.
Alkohol.

Ein Tautropfen in der Knospe einer Blüte,
ist die Begrüßung der Blume an den Tag.
In meinem Auge steht eine Träne.

Gleißend geht die Sonne unter.
So ist es. Was kommt, das geht.
Und was geht, das kommt.
So komme auch ich geflogen in Deine Arme.
In glühender Liebe.

2004

Wenn man die absolute Aufnahmefähigkeit für
menschliche Gefühlsregungen entwickelt hat,
ist man meist zu betrunken,
um sie zu verarbeiten.
Missstand.

You see them fight.
You see them rebel.
But you never saw them dance.

Manchmal dem Tod näher,
als dem Leben zu stehen,
bedeutet ständig Angst vor sich
und seinen Gefühlen zu haben.

Tanzend vor Dir.

Werbend neben Dir.

Schlafend hinter Dir.

Dies beschreibt die Situation des Nightlife.

Nie mehr, und nie weniger.

Wird man später über mich,
wie über Hemingway, sagen,
er liebte Tequila und Wodka?
Und, ist das gut oder schlecht?
Mehr oder weniger!
Jetzt mehr, später weniger.

Hässlichkeit springt in mein Gesicht.
Überall!
Nicht der äußeren Erscheinungsform wegen.
Nein.
Die inneren Charakterzüge treten nach außen;
und erschrecken.

Leben ist wie ein Pendel.
Nicht, wie immer beschrieben,
zwischen Raum und Zeit,
sondern zwischen Vergangenheit
und Gegenwart.
Das eine holt einen ein,
das andere ist präsent.
Zukunft spielt dabei keine Rolle.

Zukunft ist, die direkten Folgen
des Handelns zu bestimmen.
Vom Ansatz, bis zum Schnitt
und zum Pulsieren des Herzens,
das das Blut aus den Adern treibt.
So ist es mit der Liebe.

Die elementare Frage!
Was ist Liebe?
Ist es die Verbindung auf ewig?
Die impulsive Begegnung zweier Menschen?
Das Vertrauen, die Hingabe?
Die Ekstase, die Wollust?
Keine Antwort.

Bist Du bei mir, so ist es alles.
Bist Du es nicht, so ist es das nicht.
Dieser Gegensatz ist symptomatisch.
Für mich...
und damit uns.

Wenn Leben ein Quadrat,
und Liebe ein stetig wachsender
Kreis in dessen Zentrum ist,
dann schneidet es sich irgendwann
an allen Ecken und Enden,
wenn das Quadrat nicht ebenso wächst.

2005

Das Leben eines Menschen ist nur ein kleines
Licht in der Unendlichkeit.
Aber es kann den Raum erhellen,
in dem ich sitze.

Festgelegt für jeden Menschen
und doch nicht einzuhalten,
ist der Grundsatz,
dass die Würde des Menschen unantastbar ist.
Verloren, wenn der Tode naht und der Kampf
zwischen Seele und Körper beginnt.

Vor dem eigenen Leben zu flüchten,
bedeutet die kleinen Momente des
Lebens nicht zu schätzen.

Das Leben ist der Kampf um die Freiheit,
der seinen Höhepunkt mit dem Ringen
um den Tod erreicht,
und damit sein Ende findet.
Und die Verlierer?
Sie stehen am Grab.

Würde ist die Flamme des Lebens.
Loderndes Reisig, angefacht vom Willen.
Brennende Scheite, genährt vom Leben.
Glühendes Stroh, erlöschend vor Resignation.
Und schließlich, kalte Asche.

Ein Vogel, dem der Auftrieb fehlt,
und der selber nicht die Kraft zum Fliegen
besitzt, stürzt ab.
Ebenso ergeht es dem Liebenden,
dem die Liebe der Geliebten fehlt.

In ungeahnte warme Höhen sind wir auf den
Schwingen der Liebe gestiegen.
Zu hoch, um nicht zu verbrennen.
Und umso länger und kälter ist der Sturz.
In der Erwartung des Aufschlags
— der kommt.

Ein ewiges Kind,
nicht die Veränderungen verstehen wollend...
Diese kommen und bewirken den Verlauf.
Unwillig davor stehend,
nehme ich eine Veränderung in Kauf.
Den Rückweg.

Die Welt durch ein Glas betrachtet,
wirkt alles verschwommen.
Nicht besser oder schlechter.
Erst mit dem Leeren des Glases
stellt sich dieser Effekt ein.
Und wirkt.
Bis zum allerletzten Glas.

2006

Ich habe den Sinn des Lebens gefunden.
Die Selbstzerstörung.
Liebe, Hass, Trauer, Demut und Scham.
All das nur deswegen.
Ein Leben lang.

Liebe ist eine Art sich jemanden zu sichern.
Sich festzulegen.
Leidenschaft ist, den anderen nicht mehr
gehen lassen zu wollen.
In diesen Momenten.

Was aber ist,
wenn die Liebe eine Einbildung ist?
Eine Irritation?
Um den einen Partner zu finden!
Vorbestimmte Katastrophen.

Der gelähmte Körper mit
seinen betäubten Empfindungen,
die sich doch nicht abschalten lassen,
ist das Resultat der Einsamkeit.
Verdünntes Blut fließt schneller.
Und damit auch die Gefühle.

Der Tod ist Anfang und Ende.
Anfang von Schmerz, Einsamkeit und Leid.
Ende von Hoffen und Flehen.
Kommt er plötzlich und unerwartet,
so ist er nur der Anfang.

Wenn aus Stärke Machtlosigkeit wird,
bleibt das Nichts.
Wo ist dann die Liebe geblieben?
Die, die sie so stark sein soll?
Verzehrt von Schmerz,
bleibt davon nur ein schwacher Schatten.

Der Preis meiner Freiheit
ist der Verlust der Bindungen,
die Liebe bedeuten könnten.

Brüllender Verstand in schweigendem Körper.
Das Verlangen den Gespenstern nachzugeben.
Auszubrechen und dem heulenden Sturm zu erliegen.
Doch der Schrei bleibt unhörbar.

So ist es mit dem Geschriebenen.
Die Stimmung des Schreibers beim Schreiben
und die Stimmung des Lesers beim Lesen.
Sie bilden das Zünglein an der Waage
des Verstehens.

Eine Interpretation des Lebens.

Diese tiefe Traurigkeit ist
ein Wasserglas im Regen.

Hammerschlägen gleich, kommt er.
Nicht kriechend und schwach,
sondern mit einem Rauschen,
das Böses erahnen lässt.
Das Wissen darum beunruhigt
- bis er eintritt.
Und mit ihm seine Wirkung.

2007

Welch grausamer Scherz des Bewusstseins.

Ein Traum über Liebe, Schmerz und Angst.
Und den Verlust.

Das verstörte Erwachen daraus,
und die Erkenntnis,
dass die Realität den Traum übertrifft.

Die Zigarette in der Linken,
das Bier in der Rechten.
Wogen von Melodien im Raum.
In meinem Kopf.
Fahrkarten, ganz in Schwarz.
Wohin die Reise geht?
Leben?
Tod?
Liebe?
Verzweiflung?

Egal.

Glimmender Punkt.
Glimmender Punkt.

Kleiner glimmender Punkt.
Kleiner glimmender Punkt.

Kleinster glimmender Punkt.

Keinster glimmender Punkt.

Aus.

Starker Mann in schwachem Gang.
Den Kopf auf ihrer Schulter,
den Weg gestützt.
Dürrer flehender Körper.
Erlöschendes Licht.
In jeder Sprache dieser Welt sagt er:
„Ich kann nicht mehr!"

Kein Leben wollend wie die Sicht
bis zum nächsten Berg.
Nicht immer nur bis zum nächsten Berg!

Leben wie Sicht über die See!
Suchend.
Findend.
Verlierend.

Grenzenlos und anders.

Der überstreckte Hals,
den Kopf gen Himmel gerichtet,
erwischt ihn eine Portion Wahnsinn.

Lachen.
Pfeifen.
Singen.

Und doch;
sprachlos ob der Schönheit der Nacht.

Tropfen am Fenster,
dunkel die Nacht.
Es bleibt die Frage,
was hat der Tag gebracht.
Schmerz und Furcht zu überwinden,
neues Leben im Leben zu finden.
Hab es nun, lass es nicht los.
Ein Schrei.

Wie laut ist der Frühling...
Wie heiß ist der Sommer...
Wie grau ist der Herbst...
Wie kalt ist der Winter...
Ich liebe alles.
Es könnte der letzte Tag sein.

2008

Eine Nacht, die dem Grauen wich.
Ein Tag voller Lachen, wo es nichts gab.
Ein Abend mit Menschen des Lebens.
Deines Lebens.
Und der Moment in dem Du weißt,
dass Du früh sterben musst.

Gott soll sterben!
Er zuerst, dann ich.

Gott ist tot, sagt Nietzsche.

Verdammt...

„Willst du noch ein Wasser?"

Eine Entscheidung über Leben und Tod.

Wasser, oder gebrochenes Glas?

23.02.08

Ich bin eine literarische Figur.
Und ich warte auf meine Auflösung.

2010

Warum ich diesen Job mache?
Weil er Spaß macht!
Warum puzzeln Menschen?
Stunden des Fluchens,
Minuten des Erfolges.
Warum angeln Menschen?
Stunden des Wartens,
Sekunden des Fangens.

Warum also ich?

Für Sekunden in Jahren.

2012

Trümmer neben meinem Kopf.
Trümmer neben meinem Körper.
Trümmer wohin ich blicke.
Und keine Schaufel.

Zettel in der Hand.
Dein Sohn kommt nicht zurück.
Ich habe mit jemand anderem geschlafen.
Zerknülltes Papier.
Glas unter meinen Füßen.

2013

Ein Abschied, wie eine Tür
die ich hinter mir schließe.
Kein zurückblicken.
Aber etwas klemmt.
Steckt dazwischen.
Liege alleine am Strand
und habe etwas im Auge.

2014

Ich weiß nicht, was schlimmer ist.
Die Fragen, die ich nicht stellen kann,
oder die Antworten,
die ich nicht hören will.

2015

Selbst wenn Du am Boden liegst,
kannst Du immer noch den Himmel sehen.

2016

Es ist eine kurzlebige Welt.
Wir bedauern.
Wir vergessen.

Kryptonit

Deine Nähe macht mich schwach.
Deine Nähe lenkt mich ab.
Deine Nähe fokussiert mich völlig auf Dich.
Deine Nähe lähmt mich.
Deine Nähe erzeugt Hass auf Dich
und die Welt.
Deine Nähe lässt den Zug
in meinem Kopf rasen.
Je näher ich Dir bin,
desto schwächer werde ich.
Du bist mein Kryptonit.

Der Sprung

Ich weiß nicht
welcher Teufel mich geritten hat,
aber es war ein Engel,
der die Zügel ergriff.

Ich bin ein Komet.
Ich nähere mich der Sonne
mit einem glühenden Schweif.
Und dann, dann entferne ich mich.
Und erkalte in eisiger Dunkelheit.

Mein schwerer Mantel

Es wird kalt in mir.
Graue Wolken am Horizont.
Sie türmen sich auf,
sammeln ihre Kräfte.
Ich lege meinen dunklen Mantel um mich.
Er ist so unendlich schwer.
Ich kann mich kaum noch bewegen.
Er zieht mich abwärts.
Und doch, ich ziehe seine Kapuze
tief ins Gesicht.
Nichts und niemand kann mich nun noch
erreichen.